www.ingramcontent.com/pod-product-compliance
Lightning Source LLC
Chambersburg PA
CBHW022129170526
45157CB00004B/1814
* 9 7 8 1 0 9 7 1 5 2 6 5 0 *